AF253889

ENSEIGNEMENT

DE LA LECTURE

A L'AIDE

DU PROCÉDÉ PHONOMIMIQUE DE M. GROSSELIN

PAR

Mme PAPE-CARPANTIER

INSPECTRICE GÉNÉRALE DES SALLES D'ASILE, DIRECTRICE DU COURS PRATIQUE

M. ET Mme CHARLES DELON

TABLEAUX

PARIS

LIBRAIRIE DE L. HACHETTE ET Cie

BOULEVARD SAINT-GERMAIN, N° 79

SONS SIMPLES.

Voyelles.

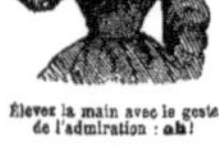
Élevez la main avec le geste
de l'admiration : **ah** !

Posez la main sur la poitrine
comme une personne essoufflée : **heu** !

Montrez le coin de la bouche
relevé dans le rire : **hi** !

a   **e**   **i**

Faites le geste de repousser
quelque chose avec horreur : **oh** !

Imitez le geste du cocher qui fait
claquer son fouet : **hue** !

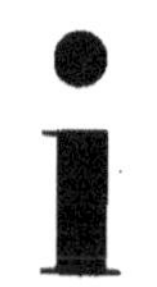

o   **u**

EXERCICE.

**a e i o u
u i e o a
o a i e u**

ARTICULATIONS SIMPLES.

Consonnes.

Soufflez avec une légère explosion,
comme pour faire envoler une plume
posée sur la main : **p**... e

Indiquez la corne du bœuf
qui beugle : **b**... e

Imitez le **tic-tac** du balancier:
t... e

Imitez la mère
dorlotant son enfant sur son bras
d... e

p   b   t   d

Imitez le chat furieux
qui montre ses griffes
f... e

Simulez le vol d'un oiseau
v... e

Imitez le mouvement onduleux
du serpent qui se glisse
en sifflant : **s**... e

Imitez les branches
agitées par le zéphyr
z... e

f    v   s   z

EXERCICE.

b   d   t   f   s   v

p   z   f   v   d   p

v   b   s   t   z   f

Librairie de L. HACHETTE et Cie, boulevard Saint-Germain, n° 77, à Paris.

Imprimerie générale de Ch. Lahure, rue de Fleurus, 9, à Paris.

ARTICULATIONS SIMPLES (SUITE).

Consonnes.

Indiquez la crête du coq :
que...

Indiquez la gorge serrée :
gue...

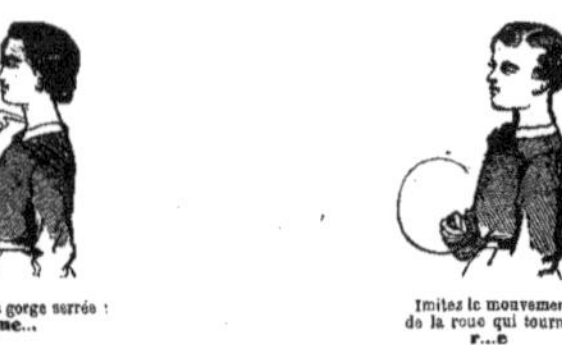

Imitez le mouvement
de la roue qui tourne :
r...e

Indiquez le mouvement de l'eau
qui coule avec un léger murmure :
l...e

(que)   (gue)

c   **g**   **r**   **l**

Indiquez le nez qui nasille :
n...e

Simulez le geste de traire
la vache qui mugit :
m...e

Indiquez le jaillissement du jet d'eau :
j...e

n   **m**   **j**

EXERCICE.

r n l m c

g j n r l m

c r l j n

SYLLABATION.

Mots d'une syllabe.

ma   la   ni   tu

sa   du   ta   fa

bu   mi   lu   si

mu   te   va   de

me   vu   se   le

Mots de deux syllabes.

joli   papa   ami

poli   mimi   coco

demi   duo   midi

Librairie de L. HACHETTE et Cie, boulevard Saint-Germain, n° 77, à Paris.

Imprimerie générale de Ch. Lahure, rue de Fleurus, 9, à Paris.

ARTICULATIONS SIMPLES.

Syllabes inverses.

al   ar   il   ir

ol   or   ur   ul

EXERCICE.

mur fil cor vol

sol mal nul sur

val bol col dur

unir azur moral

futur fanal viril

natal vizir major

Librairie de L. HACHETTE et Cie, boulevard Saint-Germain, n° 77, à Paris.

Imprimerie générale de Ch. Lahure, rue de Fleurus, 9, à Paris.

ARTICULATIONS SIMPLES.

Syllabes inverses (Suite).

ac ic oc ab uc

ob ib af ub if

as of is uf us

EXERCICE.

sac roc dur soc

bac suc vis lac

aspic motif actif

tarif canif pistil

mastic castor

Librairie de L. HACHETTE et Cⁱᵉ, boulevard Saint-Germain, nᵒ 77, à Paris.

Imprimerie générale de Ch. Lahure, rue de Fleurus, 9, à Paris.

DIFFÉRENTS SONS DE L'E

é   è   ê

Faites le geste d'appeler quelqu'un : hé !

été écu zéro élu

filé répété vêtu

têtu vérité zélé

décor fêté écarté

fidélité sévérité

salé déféré fêlé

Librairie de L. HACHETTE et Cie, boulevard Saint-Germain, n° 77, à Paris.

Imprimerie générale de Ch. Lahure, rue de Fleurus, 9, à Paris.

DIFFÉRENTS SONS DE L'E

e (nul comme prononciation).

père lave ode pie

mère étude pipe

bête épine série

nature tête élève

ébène rêve forme

fumée ride folie

amie pile sévère

acte octave gaze

Librairie de L. HACHETTE et Cⁱᵉ, boulevard Saint-Germain, n° 77, à Paris.

Imprimerie générale de Ch. Lahure, rue de Fleurus, 9, à Paris.

ARTICULATIONS SIMPLES.
Syllabes inverses.

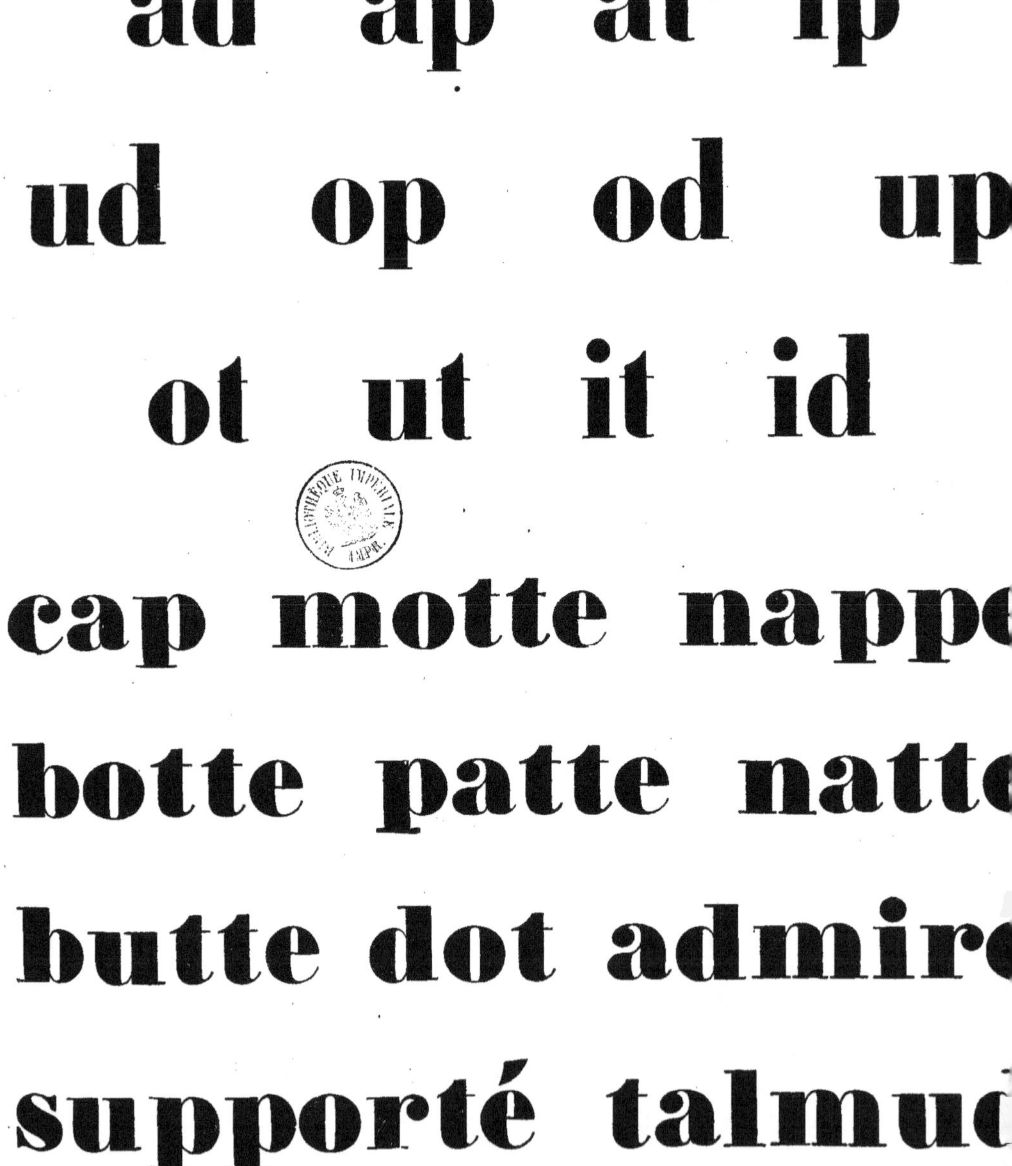

ad ap at ip

ud op od up

ot ut it id

cap motte nappe

botte patte natte

butte dot admire

supporté talmud

SON SIMPLE
représenté par deux lettres.

OU

Imitez le loup qui mord en hurlant : **hou**... !

cou mou fou sou

tour coupe roue

four boule cour

soupe jour route

sourire amour

course journal

moule étoupe

Librairie de L. HACHETTE et Cie, boulevard Saint-Germain, n° 77, à Paris.

Imprimerie générale de Ch. Lahure, rue de Fleurus, 9, à Paris.

SON SIMPLE
représenté par deux lettres.

ou

Imitez le loup qui mord en hurlant : hou... !

cou mou fou sou

tour coupe roue

four boule cour

soupe jour route

sourire amour

course journal

moule étoupe

Librairie de L. HACHETTE et Cⁱᵉ, boulevard Saint-Germain, n° 77, à Paris.

Imprimerie générale de Ch. Lahure, rue de Fleurus, 9, à Paris.

SONS SIMPLES

représentés par deux lettres (SUITE).

Voyelles nasales.

Imitez l'effort du charpentier levant sa hache pour frapper un coup : **han** !...

Imitez l'effort du geindre qui pétrit la pâte : **hin** !...

Imitez le geste d'une personne qui a l'ouïe paresseuse : **hon** ?...

Exprimez par le geste le doute, la défiance : **hun** !...

an   in   on   un
am   im   om   um

EXERCICE.

vin   ton   fin   tar
satin   lapin   lund
onze   son   jamb
pinson   pompo

Librairie de L. HACHETTE et Cie, boulevard Saint-Germain, n° 77, à Paris.

Imprimerie générale de Ch. Lahure, rue de Fleurus, 9, à Paris.

ARTICULATION DOUBLE
représentée par une seule lettre.

X (ks et gz)

axe   fixe   taxe

ARTICULATIONS DOUBLES.

bl br cl cr dl dr t
tr fl fr gl gr pl pr
blé clou cri pré
ogre tigre ongle
frère ordre plan
trèfle atlas brin

Librairie de L. HACHETTE et Cⁱᵉ, boulevard Saint-Germain, n° 77, à Paris.

Imprimerie générale de Ch. Lahure, rue de Fleurus, 9, à Paris.

SONS SIMPLES
représentés par deux lettres.
Signes équivalents.

au eu ai ei
ô   e   è   è

air feu laie raie

laine aube reine

saule fleur neige

jeudi aune veine

peur jeu douleur

meule peine neuf

neveu taupe baie

moniteur labeur

Librairie de L. HACHETTE et Cⁱᵉ, boulevard Saint-Germain, n° 77, à Paris

Imprimerie générale de Ch. Lahure, rue de Fleurus, 9, à Paris.

SON SIMPLE
Signes équivalents.

y

(se prononçant *i*).

lyre myrte type
tyran symétrie
symbole syllabe

ARTICULATIONS SIMPLES

c et **g** se prononçant **s** et **j** devant *e, i, y*.

ce ci cy ge gi gy

ceci gage image
cage citron gorge
cigale ici magie
gypse cycle ange

Librairie de L. HACHETTE et Cⁱᵉ, boulevard Saint-Germain, n° 77, à Paris.

Imprimerie générale de Ch. Lahure, rue de Fleurus, 9, à Paris.

MODIFICATIONS DE L'E
rendu sonore sans accent par l'articulation qui le suit

(dans la même syllabe).

er   es   el   et   ec   ef   ex

fer   sec   mer   bec

tel   sel   ver   réel

leste   vertu   terre

faiblesse   estime

effacé   extrémité

lecture   escamoté

lettre   modeste

Librairie de L. HACHETTE et Cⁱᵉ, boulevard Saint-Germain, n° 77, à Paris.

Imprimerie générale de Ch. Lahure, rue de Fleurus, 9, à Paris.

SONS COMPOSÉS

ia ié iè io iu ui

piano fière miel

violon fiacre lui

tuile diète diable

diadème reliure

poussière miette

luire pluie piété

matière galiote

laitière feuille

Librairie de L. HACHETTE et Cⁱᵉ, boulevard Saint-Germain, n° 77, à Paris.

Imprimerie générale de Ch. Lahure, rue de Fleurus, 9, à Paris.

SON COMPOSÉ.

oi se prononçant *oua*.

Imitez le mouvement des pattes de devant du chien
qui court en aboyant : **OUA, OUA**...

oi

moi toi soi noir

voir espoir soir

pivoine armoire

roi mémoire oie

avoine soie toile

étoile poire foire

moine toiture

Librairie de L. HACHETTE et Cⁱᵉ, boulevard Saint-Germain, n° 77, à Paris.

Imprimerie générale de Ch. Lahure, rue de Fleurus, 9, à Paris.

ARTICULATIONS SIMPLES
Signes équivalents.

k   q   qu — gu

Équivalant à *c* (dur) et à *g* (dur)

coq pique moka
qui barque képi
qualité fabrique
quittance quatre
gué figue langue
guide gui orgue
guêpe guérite

Librairie de L. HACHETTE et Cⁱᵉ, boulevard Saint-Germain, n° 77, à Paris.

Imprimerie générale de Ch. Lahure, rue de Fleurus, 9, à Paris.

LETTRE PRINCIPALEMENT ORTHOGRAPHIQUE

h

nul comme prononciation.

ah hé haie herbe
thé heure hiver

ARTICULATIONS SIMPLES
représentées par deux lettres.

ch   gn

chou roche biche
chêne montagne
choc vigne arche
ignorance cygne

Librairie de L. HACHETTE et Cie, boulevard Saint-Germain, n° 77, à Paris

Imprimerie générale de Ch. Lahure, rue de Fleurus, 9, à Paris.

ALPHABET DES MAJUSCULES.

A a B b C c D d E e

F f G g H h I i J j

K k L l M m N n O o

P p Q q R r S s T t

U u V v X x Y y Z z

Librairie de L. HACHETTE et Cⁱᵉ, boulevard Saint-Germain, n° 77, à Paris.

Imprimerie générale de Ch. Lahure, rue de Fleurus, 9, à Paris.

SONS SIMPLES
représentés par plusieurs lettres.
Signes équivalents.

en em

an

ain aim ein

in

Enfance Main Pain Tain

Envie Faim Tente Plein

Train Frein Daim Envoi

Silence Temple Ensemble

Emplir Menthe Éteindre

Chapelain Bain Teinture

Humain Sainte Plainte

Librairie de L. HACHETTE et Cⁱᵉ, boulevard Saint-Germain, n° 77, à Paris.

Imprimerie générale de Ch. Lahure, rue de Fleurus, 9, à Paris.

ARTICULATIONS SIMPLES.
Signes équivalents.

ph — ç
f
s

Phare Phosphore Saphir
Leçon Garçon Maçon Reçu

SON SIMPLE
représenté par plusieurs lettres.

Indique la bouche grimaçante de l'enfant qui pleurniche :
ye (affaibli).

ill

Bille Maille Grille Taille
Quille Rouille Veille Sillon
Pillage Grenouille Feuille

Librairie de L. HACHETTE et Cie, boulevard Saint-Germain, n° 77, à Paris.

Imprimerie générale de Ch. Lahure, rue de Fleurus, 9, à Paris.

ARTICULATION SIMPLE
Signes équivalents.

S entre deux voyelles équivalant à Z

Exercice sur les deux sons de l's.

Rose Chose Chasse Désir

Lis Lise Lisse Masure

Ruse Russe Peser Penser

Mise Masse Misère Saison

Maison Raisin Tison Tasse

Musique Liseron Cythise

Chaise Sage Asile Danse

Course Phrase Raison

Librairie de L. HACHETTE et Cie, boulevard Saint-Germain, n° 77, à Paris.

Imprimerie générale de Ch. Lahure, rue de Fleurus, 9, à Paris.

SON SIMPLE
représenté par plusieurs lettres.

er – ez

se prononçant *é* à la fin des mots.

Aimer Rocher Rosier Nez
Allez Venez Dansez Prier
Attendez Prunier Cavalier
Glaner Cocher Cerisier

SIGNES ORTHOGRAPHIQUES.
Accents circonflêxes.

â ê î ô û eû oû aî

flûte frêne épître pêcheur
pâtre gîte rôti âtre râle
traître croûte grâce mûrier

Librairie de L. HACHETTE et Cⁱᵉ, boulevard Saint-Germain, n° 77, à Paris.

Imprimerie générale de Ch. Lahure, rue de Fleurus, 9, à Paris.

SONS COMPOSÉS
représentés par plus de deux lettres.

ian ion iau ieu
ien yen oin

Dieu Lion Lieu Lien Pion
Soin Chien Besoin Foin
Milieu Témoin Coin Bien
Ancien Joint Point Pliant
Loin Moins Lointain Tien
Matériaux Mien Occasion
Payen Compassion Oing

Librairie de L. HACHETTE et Cie, boulevard Saint-Germain, n° 77, à Paris.

Imprimerie générale de Ch. Lahure, rue de Fleurus, 9, à Paris.

LETTRES REDOUBLÉES
sans influence sur la voyelle qui précède

amm imm omm

emm

ann inn onn

enn

Flamme	Homme	Gamm
Somme	Pomme	Sel gemm
Gramme	Emma	Immobil
Bonne	Canne	Tonnerr
Renne	Année	Tonnell
Jenny	Tonne	Sonner

ARTICULATION SIMPLE
Signes équivalents.

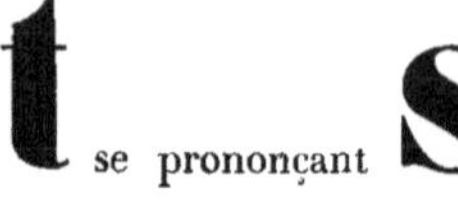

t se prononçant **s**

devant *i* suivi d'une autre voyelle.

Action   Portion   Intention

Fraction   Ration   Patience

Nation   Inertie   Martial

Consolation   Instruction

Attention ! chers enfants

nous allons faire une addition

puis une soustraction.

Une bonne action rend

heureux.

Librairie de L. HACHETTE et Cie, boulevard Saint-Germain, n° 77, à Paris.

Imprimerie générale de Ch. Lahure, rue de Fleurus, 9, à Paris.

SIGNES ORTHOGRAPHIQUES.

Le tréma ··

ë ï ü

Ciguë Héroïque Aiguë

Haïr Noël Naïade Saül

Mosaïque Israël Laïque

LETTRES ACCOLÉES.

œ et œu

équivalant à E (muet).

OEil Bœuf Sœur OEu

Nœud Cœur Chœur

OEuvre OEillet Mœurs

Librairie de L. HACHETTE et Cⁱᵉ, boulevard Saint-Germain, n° 77, à Paris.

Imprimerie générale de Ch. Lahure, rue de Fleurus, 9, à Paris.

SON DOUBLE
représenté par une seule lettre.

y se prononçant ïï

pays paysan moyen crayon

employer payer monnayer

noyer tournoyer tuyau

SON SIMPLE
représenté par trois lettres.
Signes équivalents.

eau se prononçant ô

eau bateau peau rideau

tombeau veau fourneau

nouveau beau flambeau

moineau bouleau oiseau

Librairie de L. HACHETTE et Cie, boulevard Saint-Germain, n° 77, à Paris.

Imprimerie générale de Ch. Lahure, rue de Fleurus, 9, à Paris.

LECTURE COURANTE.

Emploi du trait d'union à la fin des lignes.

La tonnelle est cou-
verte de vignes, de jas-
mins et de clématites.

On entend sonner les
cloches dans les campa-
gnes, c'est un jour de fête.

Le chat guette la sou-
ris dans l'ombre.

Le feu brille dans la che-
minée.

Librairie de L. HACHETTE et Cⁱᵉ, boulevard Saint-Germain, n° 77, à Paris.

Imprimerie générale de Ch. Lahure, rue de Fleurus, 9, à Paris.

IMPRIMERIE GÉNÉRALE DE CH. LAHURE
Rue de Fleurus, 9, à Paris